주머니에 별 하나

안정근

문예원

| 글쓴이의 말 |

오랫동안 묵혀 둔 글
먼지 털고 세상에 나왔습니다.
공감하고 공존하면서
잔잔한 울림이었음 합니다.
혹여 위안이 된다면
내 생각이 묻어 있는
여기 글들이
웃을 수 있겠습니다.

2015년
전주에서
안정근

| 차례 |

글쓴이의 말 3

제1부 멀리 있어 더 아름다운

늦은 저녁의 산책 11
아름다운 사람 13
어떤 존재 14
사랑 1 15
사랑 2 16
사랑 3 17
말도 안 되는 18
우리는 19
그대 생각 21
연애 22
그대 이름 23
수채화처럼 24
우리 이쯤 만났으면 26
그만큼의 거리 28
후회 30
짝사랑 그 후 31
해후 32
미안하다 34
이별 35
안경 벗고 세상을 보면 36

기다림 1	37
기다림 2	38
어느 날 문득	40
밤	42
잊은 줄 알았는데	43
마지막	44
사람과 사람 사이	46
나무의자	47
꽃비	48
위로	50

제2부 슬픔이 그리움 되더라고

어머니 1	53
어머니 2	54
어머니 3	55
어머니 4	58
솔방울	60
슬픔이 그리움 되더라고	62
자식	64
얼굴에 난 점 빼고	66
내가 누구인지	67
나의 벽	68
자화상	69
강한 것들	70
눈물이 나오면	71
눈물	72
눈길 걸으며	74
가끔은 이방인 되어	76
가을이 될 수 있다고	79

감동 하나 먹고 80
설거지 82

제3부 가을에 깊어지지 않으면

가랑비 87
겨울나무 88
들꽃 90
가을에는 92
어설픈 어둠 93
슬픔 따라 온 길 94
섬진강 96
바닷가에서 97
무소의 뿔 99
선택 100
돌아오는 길 101
슬픔의 꽃 103
계절 105
슬픈가 봐요 106
가슴에 박힌 대못 107
행복을 파는 가게 108
상가喪家에서 110
이사 가는 날 112
구담 마을 113
먼길 115

발문 멀리 있어 더 아름다운 사랑 117

제 1부

멀리 있어 더 아름다운

늦은 저녁의 산책

가벼워지려고 바닷가에 나왔습니다
듬성듬성 들리는 파도 소리는 귀를 간질거립니다
늦은 저녁이라 별들이 바다 속으로 떨어질 듯
흐느적거리고 있습니다

멀리 떠나 있으면 별들마저 낯설게 다가옵니다
태평양 한가운데 떠 있는 별들은 유난히도 맑아
보입니다

잎사귀 하나로 작은 지붕을 덮을 것만 같은
무척 큰 나뭇잎들 사이로 열대의 바람이 불어옵니다
얼굴은 끈적거리기 시작하고
야자수 옆 주홍빛 가로등은
녹색의 잔디밭을 잔잔히 비추고 있습니다

다양한 인종들이 거리에 내던져 놓은
언어마저 조용해지는 이 저녁
멀리 있다는 이유 하나로 듣고 싶은 그대의 음성
자주 접하지 못하는 마음

이해를 구하고자 합니다

언젠가부터 사진을 찍지 않게 되었습니다
사진은 추억을 반추해 줄 수 있지만
사진보다 그냥 온몸으로 타국의 정취를 담아 보겠습니다
기억이 있는 한 하나 하나 글로 남기는 편이
오히려 좋아 보여서 입니다

언젠가 그대를 만나면
그리고 딱히 할 말이 없어질 때면
하나하나 기억을 살려 그대에게 전하겠습니다

바닷가 모래 한 줌
찰싹이는 파도 소리 하나
손 뻗으면 닿을 것 같은 적도의 별 하나
반바지에 넣어 돌아갑니다

아름다운 사람

아름다운 세상 볼 수 있는
눈을 가지고 있다면

어둠이 밀려와 그 아름다움이 가려도
그 아름다움 떠올릴 수 있다면

그대는 참으로 행복한 사람입니다

하지만
나는 그대를 행복한 사람보다는
아름다운 사람이라고 부르고 싶습니다

아름다움을 아름다움으로 볼 수 있는 사람
아름답지 않아도
그것을 아름다움으로 담을 수 있는 사람
언제나 아름다움으로 그것을 기억할 수 있는 사람

그런 그대가
진정 아름답기 때문입니다

어떤 존재

노란 꽃 피기 전에는
그곳에 개나리 있는 줄 몰랐고

하얀 꽃 피기 전에는
그곳에 목련 있는 줄 몰랐다

연보라 꽃 피기 전에는
그곳에 꽃잔디 있는 줄 몰랐고

연한 초록 잎 나타나기 전에는
길가에 키 큰 나무 있는 줄 몰랐다

하얀 눈 쌓이기 전에는
그곳에 높은 산 있는 줄 몰랐고

그대가 나타나기 전에는
내안에 사랑이 들끓는 줄 몰랐다

사랑 1

사랑하냐고 묻지 마라
가슴 속 잠자고 있던 사랑이
그 소리에 깨어 달아날라

얼마큼 사랑하냐고 묻지 마라
가슴 속 숨죽이고 있던 사랑이
그 소리에 놀라 달아날라

확인하려하면
저만치 멀어지는 사랑이다

사랑 2

내가 그대 앞에서
바보처럼 보이거나
참 약하게 보일 때
아 사랑이구나 하고
생각하세요

내가 그대 앞에서
할 말도 못하고
똑바로 쳐다볼 수 없을 때
아 사랑이구나 하고
생각하세요

답답하지만
그냥 사랑이구나 하고
모른 척
넘어가 주세요

사랑 3

사랑의 열기에
눈이 멀 때면

가끔은 멀리
떨어져 있는 것도 좋겠습니다

밤하늘의 별처럼
가을 햇살에 반짝이는 들녘처럼

멀리 있어
더 아름다운 사랑입니다

말도 안 되는

말도 안 되는 글이
어설픈 이미지 되어
시詩가 되듯

말도 안 되는 그대 생각이
서서히 자리 잡아
병病이 됩니다

우리는

도대체 우리는
어느 별에서 왔길래
깜깜한 밤
깨어있는 별처럼
밤새
총총 빛나고 있는가

도대체 우리는
어느 별에서 만났길래
밤새
두고 온 별 이야기를
이토록 쉼없이
나누고 있는가

도대체 우리는
어느 별로 떠나려고
여기 한자리에 모여
밤새
보따리를 풀었다

다시 메었다 하고 있는가

스스로 빛나는 별들 사이로
조그맣고 못생긴 행성 하나
수줍은 듯
귀기울이는 밤

다들
잘자요

그대 생각

벽에 걸려 있던
시계 하나 없어졌는데
이렇게 허전하고
혼란스러운 것을

그대
내 곁을 떠나 버리면
어찌 될까요

아무 것도 없는 벽만
자꾸 바라보게 되네요
나도 모르게

연애

사랑한다는 말에
그저 좋았다

이해한다는 말에
마음 놓았다

같은 길 간다는 말에
아 이 사람이구나
발길을 멈췄다

평생 함께한다는 말에
옷을 벗었다

그대 이름

체중계에 올라섰다

체중계의 가느다란
창에 나타난 것은

그대 이름

내가
그대가 되어
있더군요

수채화처럼

그리움이란 게
처음엔 촉촉이 젖어 있다가
마른 수채화처럼
시간이 지나면서
더욱 선명하게
드러나는 때가 있지

늘 같이 있고
늘 누리고 있던 것에서
멀리 떨어져 나왔을 때
특히 그러하지

처음엔 새로운 것에 가려
안 보이다가
시간이 지나면서
서서히 드러나거든

그리움이
마른 수채화처럼

또렷하게 드러날 때
그것은
이제 돌아가야 할 때지

우리 이쯤 만났으면

우리 이쯤 만났으면
무언가 좀 다른 인사말을
건네야 하는 건 아닌가요

밥은 먹었는지
밤새 안녕하였는지
그곳 날씨는 어떤지
그저 그런 사람들
인사말이 아닌

우리 이쯤 만났으면
뭔가 느낌이 쫘 오는
그런 인사말 정도는
나눠야 하는 건 아닌가요

바람이 세차게 얼굴을 밀치면
참아 온 눈물이 흐르듯
먼 곳으로부터 비바람에 쓸려 온
흙내음이 코끝을 간질거리듯

문득 그대 생각하면
가슴에서 우러나오는
그런 인사말 하나쯤은
우리 서로 간직하고 살다가

속내를 들킨 양
겸연쩍어 하면서도
살며시 건네고 싶은
그런 인사말 하나쯤은

우리 이쯤 만났으면
가슴에 하나쯤 담고
살아야 하는 건 아닌가요

그만큼의 거리

다가오면
멀어질 수 있는
그만큼의 거리

멀어지면
다가갈 수 있는
그만큼의 거리에

우리
서로를 놓자

너무 가까워
부담되면
피할 수 있는

너무 멀어지면
좁힐 수 있는
그만큼의 거리에서

우리
서로 바라보자

굳이 말하지 않아도
느낄 수 있는

소리치지 않아도
들을 수 있는
그만큼의 거리

부딪쳐 깨져도
드러내 상처받아도
격하여 어찌할 바 몰라도

금세
제자리 찾는
그만큼의 거리에

우리
서로를 담자

후회

그대에게
사랑한다는 말은
하지 말았어야 했다

영원히 사랑한다는 말은
결코 하지 말았어야 했다

더이상 사랑하지 않는다는 말은
죽을 때까지 하지 말았어야 했다

다른 사랑이 생겼다는 말은
목숨을 걸고라도 하지 말았어야 했다

짝사랑 그 후

그대에게
내 마음 보이는 것도
힘들었지만

그것보다 훨씬 더
힘든 일은

내 마음에
아직도
자리하고 있는 그대를
보이지 않게
하는 일입니다

해후

오랜만에 그대를 만났습니다

처음 보는 옷을 입고 있었습니다
머리 모양도 달라져 있었습니다

무엇인가 새로운 일을 하고 있음을
그대의 언어가 드러내고 있었습니다

변하고 싶었나 봅니다
달라진 모습 보여 주고 싶었나 봅니다

언제나 그 자리에 정체해 있다는 것이
아무런 변화 없이 세월만 보낸다는 것이
무척이나 힘들었나 봅니다

어쩌면
주변의 시선을 의식하지 않을 수 없었겠지요
뭐 하나 제대로 해 놓은 것도 없이
나이만 먹는다는 것이 견딜 수 없었겠지요

그대
달라지고 싶은 마음
변하고 싶은 마음 헤아릴 수 있지만

그런 그대 모습이
나 때문인지도 모른다는 생각에
마음이 아팠습니다

미안하다

미안하다 말하면
좀 나아질까 봐
미안하다고 말하고 싶었습니다

미안하다고 애써 말하면
좀 가벼워질까 봐
미안하다고 말하고 싶었습니다

눈 딱 감고
미안하다고 말하고 싶었지만
끝내 말하지 못한 채
또 하루를 보냈습니다

미안하다 말하면
나야 좀 편해지겠지만

그대를 무겁게 만들 것 같아
차라리 내가 아프기로 했습니다

이별

떠나는 자의 뒷모습은
언제나 슬프지

그런 모습 보이기 싫어
무거운 발걸음 재촉했지

떠나는 자보다
남겨진 자의 슬픔이
더 크기에
뒤돌아보지 않았지

눈물이 마를 때까지
한참을 그렇게 걸었지

안경 벗고 세상을 보면

안경 벗고
세상을 보면 참 아름답지
달은 항상 달무리에 갇혀 있고
가로등은 안개에 묻혀 있지

붉은 촛불은 두 배나 커 보이고
나무들은 수채화 같지
더러운 것들은 어둠에 묻히고
사물들은 윤곽만 흔들리고 있지

무언가 그리워한다는 것도
안경 벗고
세상을 보는 것과 같을 거야

희미해서 더 낭만적인
멀리 있어 더 아름다운
그런 것이
그리움 아닐까

기다림 1

기다려
웃을 수 있다면
몇 천 번 기다려도
좋겠습니다

기다려
가슴 뛴다면
하염없이 기다려도
좋겠습니다

기다려
돌아올 수만 있다면
이대로 굳어 버려도
좋겠습니다

기다림 2

기다려
그대 사랑 지킬 수만 있다면

아무리 힘겨워도
그대 기다립니다

가뭄에 단비 기다리는
농부의 간절함으로

굶주린 맹수가 먹잇감 기다리는
생존의 처절함으로

기다려
그대 마음 차지할 수만 있다면

아무리 어려워도
그대 기다립니다

시간은 사람을 기다리지 않지만

그대 사랑을
그대 변치 않는 마음을
나는 기다립니다

어느 날 문득

방 한쪽 벽에
둥근 시계 하나 걸려 있습니다

평상시 거의 느끼지 못하는 시계 소리
오늘 밤 유난히 크게 들립니다

째각째각
잠을 방해할 만큼 또렷이 들립니다

항상 곁에 두고도
있는 줄도 모르고
무심코 살아가다가

어느 날
내 맘에 크게 자리하는 것들이 있습니다

이 밤 또렷하게 들려오는
시계 소리처럼

삶이 고단하고 힘겨울 때
가슴 깊숙한 곳에서 떠오르는
어머니의 사랑이 그러합니다

잊혀진 줄 알았는데
문득 내게 다가와 아쉬움 남기는
젊은 날의 꿈이 그러합니다

그대에 대한 그리움도 그러합니다

밤

축복처럼 받았던 햇살
털어 말리는 시간

하루 내내 흘려 놓은 언어
제자리에 가져다 놓는 시간

깜깜한 어둠이 마음의 본향처럼
다가오는 시간

그대에 대한 그리움
잠자리에 가지고 가는 시간

잊은 줄 알았는데

오늘 꿈속에
너를 보았어

여전히 너를 그리워하는
나를 보았어

오늘 꿈속에 다른 사람과 같이 있는
너를 보았어

그런 널 미워하고 있는
나를 보았어

잊은 줄 알았는데

아직도 끝나지 않은
나의 사랑을 보았어

꿈속에서조차
흔들리고 있는 나를 보았어

마지막

오늘
우리 만남이 마지막인 줄
알고 있나요

오늘 이후엔
다시 만나지 않을 텐데
당신 그거 알고 있나요

우리의 마지막은
째깍째깍 다가오고 있는데
당신 그거 느끼고 있나요

바보처럼
아무 것도 모르는 당신을 뒤로한 채
돌아오는 길은
답답했습니다

마지막이 주는 상처는
나를 시퍼렇게 멍들게 하지만

순진한 듯
아무 것도 눈치 채지 못하는 당신이
나를 더 아프게 했습니다
오래도록

사람과 사람 사이

아파야 그 속 알지
잃어야 그 소중함 알지
사랑해 봐야
그 안타까움 알지

그러나
알아도 쉽게 다가갈 수 없는
사람과 사람 사이의 거리

그 막막한 거리에
거미줄 몇 가닥
걸쳐 놓는 오후

나무의자

죽어서까지
마주보고
자리하고 있는
나무의자들

죽어
우리도
이렇게
마주할 수 있을까

꽃비

세상에
흩날리고 싶다면
봄비에
흩날리는
꽃비처럼 날리라

모든 것
훌훌 던져버리고

아름다운 날
가장 아름다운 자태로
봄비에
흩날리는
꽃비처럼 날리라

길바닥이든
물먹은 바위 위든

세상에
흩날리고 싶다면
섬진강에
흩날리는
꽃비처럼 날리라

위로

배고픈 날
뱃속 채울 시 하나 있어 좋았다

가슴 아픈 날
시린 가슴에 안을 시 하나 있어 따뜻했다

잠 못 이루는 밤
별 헤듯 찾아 나선 시 하나 있어 행복했다

그대 그리운 날
마음에 쓸어 담을 시 하나 있어 웃을 수 있었다

제 2부

슬픔이 그리움 되더라고

어머니 1

그림자마저
없었으면
더욱 외로웠을 오후

어머니는
골목에 나와
긴 그림자가
어둠에
묻힐 때까지
자식들을 기다렸다

어머니 2

자식 먼저
저 세상으로 보낸 날
어머니는 통곡했다

눈물샘도 마른
어머니의 통곡

그 어떤 것이 이보다
더 슬플 수 있을까

그 슬픔은 오래도록
가시지 않고
내 가슴을 도려냈다

틈만 보이면
내 곁을 서성거렸다

어머니 3

어머니는 지금껏
나의 이름을
얼마나 불렀을까요

성장하여
어머니 품을 떠나 있는 동안
어머니는 나의 이름을
얼마나 불렀을까요

길가 콘크리트 바닥에
새겨진 나의 이름을
행인들이 밟는다고
망치로 지워 버렸던 어머니

그렇게 가슴에 쓸어안은
나의 이름을
어머니는 하루에도
수없이 꺼내어 불러 보고
가슴에 담았을 것입니다

불러도 오지 않는
나의 이름을
어머니는 부르고 또 부르고
그렇게 또 하루를 보냈을 것입니다

아프면 사람이
더 그리워지는데
어머니는 몸져누워 있으면서
그리운 이름들을
얼마나 불러 보았을까요

어쩌다 어머니를 찾아갔을 때
바쁠 텐데 왜 왔냐고
하루에도 수없이 불렀던 이름 앞에서
깊은 그리움을 감추었습니다

어머니는 무덤 속에서도
그리운 이름들을
부르고 있을 것입니다
어쩌다 찾아오는 사람들에게
바쁠 텐데 왜 왔냐고
무덤 속에서도
진한 그리움

애써 감추고 있을 것입니다

길고 긴 세월 동안
뼈마디마다 새겨 놓은
자식들의 이름을
부르고 또 불렀을 어머니

지금도 무덤 속에서
그리운 이름들을
부르고 또 부르고 있을 어머니

나는 어머니의 자식입니다
어머니를 쏙 빼닮아
진한 그리움
감추고 사는
분명 어머니의 자식입니다

어머니 4

생각하면
사랑으로
다시 살아나는
어머니

그리우면
눈물로
다시 살아나는
어머니

그래서
항상
생각하며
그리워하렵니다

한없는 사랑으로
오는 어머니
글썽이는 눈물로
오는 어머니

어머니는

항상

그렇게 옵니다

솔방울

솔가리
타는 냄새
온 집안에 퍼지면
저녁 먹을 때죠

아궁이에는
타다 남은 솔방울들
마지막 불꽃놀이

아궁이 옆
젖은 양말에선
실눈 같은
입김 피어오르고

들썩이며
하얀 김 내뿜는
솥단지

밥 익는 냄새에
군침이 돌고

부지깽이로 건드리면
파팍 소리 내며
작은 섬광 일으키는
솔방울

잿빛 바닥에
꺼져 가는
불길 아쉬워
긴 입김 불어 재끼면

멀리서
어머니가 부르는 소리
들립니다

딱 벌어진
솔방울 사이로

슬픔이 그리움 되더라고

사랑하는 사람들
하늘나라로
보내는 것은
가슴 아픈 일이야

다시 볼 수 없기에
그 헤어짐은
너무 슬프지

그런데
시간이 지나니까
그 슬픔이
그리움 되더라고

그들이 떠난
저 먼 하늘을 봐

헤어진 날
복받치는 슬픔이

차곡차곡
가슴에 쌓여
어느덧
그리움
되어 있더라고

자식

자식 어릴 때에는
자식에 대한 희망으로
살았습니다
큰 인물 되겠지 하는

자식 컸을 때에는
자식에 대한 관심으로
살았습니다
공부 잘하는지
아픈 데는 없는지

내가 짐이 되지 않는지
자식 눈치 보며
살고 있으니
이제 나이를 먹었나 봅니다

그러고 보니
자식 어렸을 때가
좋았습니다

그땐
희망도 있고
나도
청춘이었으니까요

얼굴에 난 점 빼고

얼굴에 군데군데
박혀 있는
검은 점을 빼고
나는 어둠 속으로 들어갔다

거대한 어둠 속에서
한동안 칩거하면서
나는 어느새
어둠이 되었다

실오라기 같은
한 줄 햇살이
무서웠던 적은
이번이 처음이었다

내가 누구인지

생각한 대로 되었다면
바다 너머로 지는
잔잔한 노을이 되었을 거예요

원하는 대로 되었다면
뜨락에 곱게 핀
채송화가 되었을 거예요

그런 내가 누구인지
곰곰 생각하다
정말 내가 되어 버렸어요

나의 벽

강철보다 강한 벽
얼음 덩어리보다 차디찬 벽

천재지변 일어나도 무너지지 않는 벽
언제부턴지 내가 그 안에 안주하는 벽

나만의 나로 살게 하는 벽
그래서 나의 벽

그 벽이 때로 일을 망치지만
그 벽이 나인 것을
나도 어쩔 수 없는 나의 벽인 것을
평생 끌어안고 가야 할
나의 벽인 것을

그래서 미워할 수도 없는
나의 벽인 것을

자화상

평범을 거부하며 살았으나
비범한 자가 되지 못했노라
흐르는 물 거슬러 올랐으나
세상 바꾸지 못했노라
역풍은 뜨거운 가슴 밀치지만
쓰러지지 않았노라
역사가 되지 못한다 하여
어둠에 묻혀 있을 수 없는 것 아니던가
삐딱하게 세상 보며
누가 뭐라 해도 나의 길을 가노라

강한 것들

강한 것들은 혼자 놀지
약한 것들처럼 뭉쳐 다니지 않고
휘어지기보다는 부러지지

강한 것들은 자기 색깔 가지고 살지
약한 것들은 집단 색깔이 자기 색깔 되고
카멜레온처럼 색깔 바꾸어 가며
끈질기게 살아남아 역사가 되지

강한 것들은 역사 뒤편에 고독하게 사라지지만
자기 색깔은 부러진 칼날처럼 빛나고 있지

어차피 삶이 혼자 가는 길이라면
역사가 되지 못하면 어때
자기 이름으로 살다가
자기 색깔 하나 남기면 족하지

눈물이 나오면

눈물이 나오면
애써 감추지 말자

눈물이 나오면
애써 훔치지 말자

눈물도
내가 누구인지 볼 수 있게

눈물이 나오면
내버려 두자

눈물이 나오면
그냥 흘러내리게 하자

눈물도
세상 구경할 수 있게

눈물

내가 흘리는 눈물이
가장 슬픈 눈물인 줄 알았어
그런데 그게 아니더라고

언젠가
어머니 눈물을
훔쳐본 적이 있었어
그때 심장이
딱 멈추어버릴 것만 같았어

그리고 꽤 시간이 흘렀을 거야
못난 아비 때문에
엉엉 울며 학교 가던
자식의 눈물을 보았어
한동안 아무 생각도 할 수 없었어
가슴이 미어지더라고

난 그때 알았어
그 어떤 눈물이

더 슬플 수 있을까 하고

내가 흘리는 눈물
참 가볍더라고

눈길 걸으며

눈길을 걷습니다
걸음마 처음 배울 때처럼
한 걸음씩 조심스럽게
발길을 옮깁니다

눈길에 둔탁하게 찍힌 발자국
그 무거운 흔적
하나 둘 세며
이 길 먼저 갔을 그들을
떠올려 봅니다

냉랭한 겨울바람
휘익 소리 내며 눈꽃송이 날리지만
눈 속에 잠긴
키 작은 것들의 안식은
더할 나위 없는
고요한 행복입니다

눈길 아니면 어디에서

발자국 뒤돌아 볼 수 있을까요
내가 찍어 놓은 발자국 보며
미안해 할 수 있을까요
남이 남겨 놓은 발자국 따라
걸을 수 있을까요

눈길 아니면 어디에서
이렇게 조심스럽게
한 걸음 한 걸음 뗄 때마다
순백의 생각
발걸음에 실을 수 있을까요

하얀 동화의 나라에
나지막이 움직이는 작은 풍경 되어
눈부신 눈길을 걷습니다

모든 존재의 흔적을
서서히 지우는
눈 내리는 하얀 눈길 속을
조용히 걷고 또 걷습니다

가끔은 이방인 되어

가끔은 이방인 되어
낯선 거리를 걷습니다

숱한 세월
남의 눈에 반들반들 길들여진
두터운 허물 벗어 던진 채

햇볕에 누렇게 반짝이는
알몸으로
낯선 거리를 걷습니다

누가 나의 이름
부를 것인가
누가 나의 허물
들춰낼 것인가

아무 것도 기억하지 못하는
이방인의 거리에서

내 안에 깊이 잠자고 있던
원시적 자유를 찾습니다

그 어두운 동굴을 빠져나와
처음으로 맛보는
저 눈부신 햇살

나는 알몸을 내놓고
도도하게 거리를 걷습니다

누가 나의 옷
가져다 줄 것인가
누가 나의 신발
신겨줄 것인가

모든 것이 새롭게 다가오는
이방인의 거리에서

자유의 날개를 달고
알몸으로
유유히 거리를 걷습니다

태초에 우리가
이 땅에
발 내딛였을 때처럼

가을이 될 수 있다고

연보라 코스모스 앞에 서면
흔들리는 가을이 될 수 있다고

단풍나무 길 걸으면
곱게 물든 가을이 될 수 있다고

노란 자작나무 숲에 서면
그윽한 가을이 될 수 있다고

나는 자꾸만 자꾸만
가을 속으로 들어가고 있었다

감동 하나 먹고

배고프면 뭐든지 맛있다던데
배고픈 날
가슴 뭉클해지는
감동 하나 먹는 것은 어떻겠는지요

오늘 나는 그런 감동 하나 먹고
온종일 배고픈 줄 모르고 있거든요

날마다
감동의 밥을 먹고
감동의 물을 마시고
감동으로 배불러
감동의 눈물 흘린다면
얼마나 행복할까요

별로 어려운 일도 아니에요
찾아보면 도처에
주워 먹을 감동이 널려 있거든요

희한하게도
배고픈 자들에게만 들어오는
감동들 말이에요

갓난아이의 첫 울음소리
나비의 첫 비상
역경 딛고 이뤄낸 눈물겨운 인간 승리
엄마 생각에 눈시울 붉어질 때
상큼한 바람에 가슴 펴질 때
이 모든 것들이
감동 덩어리 아니던가요

날마다
감동 하나 배불리 먹고
감동의 시선 건네고
감동으로 잠자리에 든다면
이대로 가슴이 아려도 좋겠습니다

날마다
가슴 뭉클한 감동 하나 먹고
감동의 꿈꾸고
온종일 배고프지 않다면
이대로 가슴이 멈추어도 좋겠습니다

설거지

설거지하는 것이
짜증나는 일만도 아니더라고
그 많던 설거지 감들이
하나하나 씻겨 질 때
그리고 설거지를 마칠 때
짜증이 기쁨으로 변하는 거야

성취감도 일고
어떨 땐 마음까지 깨끗해지거든
그래서 가급적이면 설거지할 때
기쁜 마음으로 하려고 해

하고 싶지만
할 수 없는 일이 얼마나 많아
그 안타까움 생각하면
무엇인가 할 수 있다는 것이
얼마나 다행인지 몰라

하고 싶은 일
즐겁게 해내며 사는 것이 행복이겠지만
그런 일이 많지는 않잖아

그러니
무엇인가 자기가 할 수 있는 일을
즐거운 마음으로 하는 것
그것이 행복 아닐까

설거지하면서
요즈음 내가 행복해 하는 이유다

제 3부

가을에 깊어지지 않으면

가랑비

가랑비
바람에 흩날리며
햇살 틈새를
비집고 있다

상념의 언저리를
비집고 들어오는
그대처럼

틈만 보이면
들어오는
그대 생각에
온몸이 촉촉해진다

가랑비에
옷 젖듯이

겨울나무

이렇게 추운 날
발가벗은 채 한겨울 나는
겨울나무에는
따뜻한 수액이 흐르고 있음을
그대 아는지요

사는 것 너무 힘들어
땅바닥에 주저앉은
그대 몸속에도
뜨거운 피가 흐르고 있음을
그대 느끼는지요

때가 되면
나무 위 내려앉은
눈 녹듯
그대 어깨 누르는
삶의 무게도
언젠가는 걷히게 된다는 것을
그대 아는지요

하얀 눈 속이
더 따뜻하다고
말하고 있는 것만 같은
겨울나무

겨울나무에
손 얹어 보세요
아직도 온기로 가득한
그대 손을 느끼는지요

겨울을 나야
더 단단해지는 나무처럼
오늘의 역경이
더 성숙한 사람을 만들고 있음을
그대 아는지요

너무 힘들면
가끔 겨울나무가 되어
그대를 바라보세요

들꽃

하도 이뻐
들꽃을 화분에 심었지
따뜻한 창가에 두고
잘 자라라고 물도 주었지
창문 열어 바람도 쏘였건만
얼마 못가
시들해 버렸지

들꽃은
들에 있어야 하나 봐
온몸으로 비바람 맞고
온종일 햇살과 밤하늘의 별빛
받아야 하나 봐
친구들과 어울려
들에서 살아야 하나 봐

이쁘다고
옮길 일이 아니었어
보고 싶으면

들에 나가면 그뿐
건드리는 게 아니었어

가을에는

가을처럼
깊고 그윽한 게 또 있을까
가을의 색채가 그렇고
우리의 생각과 그리움이 그렇지

외로움마저 아름다운 게
가을이지
들녘의 허수아비가 그렇고
감나무 끝에 매달린
빨간 감들이 그렇지

가을에
깊어지지 않으면
가을에
외로워지지 않으면
어찌 그게 삶인가

어설픈 어둠

어설픈 어둠이
동굴 속보다
더 두려운 것은

아직도
빛에 대한
희망이
남아 있기 때문이다

슬픔 따라 온 길

바람결에
떨어지는 것은
나뭇잎만이 아니었다

꼭꼭 닫은
외투 밀치고
떨어지는 슬픔

그냥
보기만 해도
슬퍼지는 자들이
걷고 있었다

조심스레
슬픔 하나 밟으면
또 다른 슬픔

남몰래
슬픔 하나 주우면

또 다른 슬픔

애써 감추려 해도
슬픔 따라 온 길

나의 슬픔이
공명을 한다

가슴 울리고
발바닥 울리고

섬진강

길어서도 아니다
깊어서도 아니다

그저
완만히 구부러져
있다는 것

그게
직선을 잡아채는구나

그게
날카로움을 잠재우는구나

그렇게
달려온 나를

잘록한
은백의 백사장에
파묻어 버리는구나

바닷가에서

하늘과 바다를 갈라놓은
가늘고 긴 선 하나

혼돈의 시대에도 살아남은
질기디 질긴 생명의 선

그 가느다란
지존의 선에서
햇살로 반짝이는
한 무리의 신神을 보라

그 영겁의 선을
가볍게 뚫고 비상하는
한 무리의
바다 새를 보라

그 엄숙한 신의 경계를
가로질러
서서히 사라지는

한 무리의 고깃배를 보라

저 먼 외줄기
가느다란 현弦을
손톱으로 살며시 튕겨 보라

우주로 향한 현은
떨기 시작하고

바다는 이내
요정의 노래로 가득하다

쏴~~
쏴알짝~
쏴~~~

무소의 뿔

무소의 뿔은
상처투성이지

강해 보여도
살아남기 위한 처절함이
배여 있지
그래서 아름다운 거지

이 험한 세상
어떻게든
살아남는다는 것
그것이
순수한 아름다움이지

선택

이리저리
생각해 보고
요것조것
따져 보았겠지요
선택이니까

어느 하나
택할 수밖에 없겠지요
결국 선택이니까

마음이 아팠겠지요
뭘 택해도
상처는 남으니까

번민했겠지요
두고두고
후회할 테니까

돌아오는 길

사람 만나

말 많이 하고
돌아오는 길은 괜시리 허허롭습니다

하지 않았어야 하는 말까지 하고
돌아오는 길은 마음이 무겁습니다

속내를 들추고
돌아오는 길은 참으로 외롭습니다

들어서는 안되는 말까지 듣고
돌아오는 길은 무섭기까지 합니다

아무 말없이
사람 만날 수 있다면
서로 밀하지 않아도
오래도록 어색하지 않다면

돌아오는 길
이렇게 힘들지는 않을 것입니다

슬픔의 꽃

어느 님 무덤가에
슬픔의 꽃이 피었구나

살아서도 슬픔이었는데
슬픔마저 무덤 속에 갇힌다면
얼마나 슬픈 일이냐고

어느 님 무덤가에
슬픔의 꽃이 피어

슬픔도 때가 되면
꽃이 될 수 있다고
나의 눈물 닦아 주는구나

슬픔이 지나간
언덕 넘어
내려오는 길

어느 님 무덤가에 핀

키 작은 슬픔의 꽃이
바람에 흔들리며
나의 등 또닥이고 있구나

계절

봄 오는 소리
들리기 전에

앞산 생강나무
봉오리 맺혔구나

뒷산 하얀 눈밭
복수초 피어오르 듯

나이 먹어 봐

계절은
안에서부터
오더라고

슬픈가 봐요

슬픈가 봐요
그림자가 그렇게
말하고 있잖아요

말하지 않는다고
모르겠어요

어디
그림자 없는
슬픔이 있겠는지요

슬픔은
그림자와 동행하면서
스스로
위로를 받으니까요

가슴에 박힌 대못

사람들은
대못 몇 개쯤
가슴에 박고 산다

상처의 흔적으로
연륜의 무게로

가슴 깊이 박힌
대못들은
가끔 전율을 한다

아직도
우리 여기 있노라고

살도 될 수 없는 것이
피도 될 수 없는 것이

아직도
그대 가슴을 찌르고 있노라고

행복을 파는 가게

불행의 거리 모퉁이
행복을 파는 가게
복순이는 떼돈 벌었다

행복이 무엇인지
사려고 줄 서있다

행복을 사고
행복해 하는
사람에게 물었다

얼마요
그 행복

모르겠어요
그냥 주고 싶은 대로
놓고 가라 해서
있는 것 다 주고 나왔어요

어떻게
생긴 것인데요

모르겠어요
그냥 복순이가
씨익 웃으며
앞으로 쭈욱
행복할 거예요 하며
내 등을 또닥이더라구요

상가喪家에서

한 생명이
세상을 떠나는 날에만
어길 수 없는 약속처럼
만나는 사람들이 있다

누군가를
세상 저편에 보내는 자리에
잠시나마 같이 하는 만남이다

산다는 것에서
자유롭지 못한 사람들이
한 생명이 떠나는 자리에는
애써 시간을 내고
먼길 마다않고 달려온다

만남이 뜸했기에
먼 과거사를
이야기하지만
생소하지는 않다

밤이 깊어갈수록
하나 둘 세상 속으로 돌아가고

우리들의
기약 없는 이별의 끝은
누군가 한 생명이 또
생을 마감하는 날일 것이다

이사 가는 날

작은 용달차에
빼곡히 실려 있는 이삿짐

바람과 먼지 맞으며
어디론가 달려가고 있다

한 가족의 체취가
길 위에 흩날리고 있구나

한 가족의 역사가
길 위에 움직이고 있구나

구담 마을

봇짐 머리에 이고
할머니 먼발치에서
뒤를 따른다

강바람이 스친다

땅에 딱 붙어 있는
집으로 가는 길
당산나무는 보았다

시간에 떠밀려 내려온
산그림자도
할아버지 등짐 앞에서는
왜 머뭇거리는지

무심한 9월의 낮달마저
고개를 내밀며
할머니 봇짐 위를 기웃거린다

가을의 바삭거림이 지나간다
어떻게 슬픔을 가슴에 묻었는지

할멈 빨리 갑시다
강물소리 크게 들리니
저녁 먹을 때
가까이 왔구려

당산나무 가지에 앉아 있던
오후의 마른 햇살
두 사람의 발소리에 잠을 깬다

먼길

먼길 돌아 돌아
보이는 것
나이들어야
보이는
인생의 지혜 같은 것
그 먼길 위에
있더라

험하고 가파른
먼길
발걸음 걸음 뒤로
켜켜이 쌓이는
후회

어느덧
두꺼운 뒤꿈치 각질 되어
딘딘히 지탱해 준
삶의 지혜 같은 것
그 먼길 위에

있더라

후회의 각질
먹고 자라난
인생의 지혜 같은 것
그 먼길 위에
반짝이더라

| 발문 |

멀리 있어 더 아름다운 사랑

전정구(전북대, 문학평론가)

1.

 안정근 시인의 첫 시집 『주머니에 별 하나』는 「멀리 있어 더 아름다운」과 「슬픔이 그리움 되더라고」와 「가을에 깊어지지 않으면」의 총 3부로 구성되어 있다. 오랫동안 묵혀둔 그의 시편들이 이제야 먼지 털고 세상에 나온 셈이다. 그것들을 아담하게 엮어낸 이번 시집은 시인이 젊은 시절부터 습작하면서 간직해 왔던 것들로 자신의 문학적 취향이나 색깔이 분명히 나타나 있다. 거창한 사회문제나 정치적 견해에 대한 것들이 전무하고 지극히 개인적인 경험을 다루고 있다는 점에서 이번 시집은 그의 기억 속에 자리 잡은 내면 풍경을 담아냈다고 볼 수 있다.

 정갈한 시편들로 채워진 그의 시집에는 시인의 개인사적 삶에 관한 내용이 주를 이루고 있다. 크게 세 부문으로 구분할 수 있는 그것들은, 첫째 그리움이나 외로움 등이 동반되는 사랑에 관한 시편들이다. 둘째는 가정사적인 것들과 관련된 시편들로 어머니에 관한 어린 시절의 추억과 관련된 사모의 정을 다룬 것들과 자신을 되돌아보고 '나의 정체성 탐구나 반성'에 관한 것들이다. 셋째는 시인이 살아오는 동안 느끼고 관찰한 자연이나 사물들과의 교감, 그리고 사회생활에서의 인간관계 등에 관한 성찰을 담아낸 시편들이다.

2.

이번 시집에는 서정장르의 모범답안을 연상할 만큼 정통 시문법에 충실한 작품들이 주를 이루고 있다. 그것들은 형태의 파격이나 모던한 전위적 난해성을 제거하고 담담하면서도 알기 쉬운 언어로 시인 자신이 겪은 일상의 경험들을 단아한 형식에 담아내고 있다. 주된 소재로서 눈에 띠는 것은 '사랑'에 관한 시적 담론이다. 그러나 그것은 오늘날 신세대 감각과는 다른 웅숭깊고 고아하고 유현한 느낌을 준다.

기억 저편에서 아른거리던 흐릿하고 아련한 그리움으로 채색된 연가戀歌 유형의 것들은 7080세대의 꿈과 낭만과 사랑과 이별의 정한情恨에 초점이 맞추어져 있다. 이러한 점에서 「사랑 1-3」 연작과 「그만큼의 거리」 등은 흘러간 한 시대의 사랑의 풍속도에 해당한다. 힙합이나 랩과는 다른 음색과 분위기로 우리를 안내하는 그의 시편들은, 청바지와 통기타 세대의 팝송문화의 감미로움 속에 묻어나던 그리움과 외로움의 정서에 맞닿아 있다.

사랑하냐고 묻지 마라
가슴 속 잠자고 있던 사랑이
그 소리에 깨어 달아날라

얼마큼 사랑하냐고 묻지 마라
가슴 속 숨죽이고 있던 사랑이
그 소리에 놀라 달아날라

확인하려하면
저만치 멀어지는 사랑이다

-「사랑 1」 전문

　안정근의 시에 표현된 사랑은 말로 확인하지 않으면 못견뎌 하는 사랑, 즉 직접적이고 명장하며 예스와 노가 분명한 신세대 사랑과 다른 모습이다. 시인이 이야기 하는 사랑은 서로가 주고받는 말속에 있는 것이 아니다. 그 사랑은 숨죽이고 기다리며 그리워하는 사랑이다. 말로만 확인하는 사랑은 진실성이 없고 가식이 섞이고 상대를 위한 사랑이 아니라 나를 위한 이기적 사랑이 되기 쉽다. 적어도 시인이 속했던 세대에서는 진정성이 의심되는 그러한 사랑으로 인해 잠자고 있던 사랑이 깨어 달아났고, 숨죽이고 있던 사랑이 놀라 달아났다.
　진정한 사랑은 말로 확인할 수 있는 그런 것이 아니다. 마음과 마음으로, 눈빛과 눈빛으로 교류하는 사랑만이 멀리 달아나지 않고 영원히 내 곁에 있는 참사랑인 것이다. 바보처럼 보이고 약하게 보일 때, 할 말도 못하고 똑바로 쳐다볼 수 없을 때 그것이 사랑이라고 느끼는 그러한 사랑은 현재의 기준에서 볼 때 답답하고 고리타분하게 느껴질 것이다. 고리타분하고 답답하지만 "모른 척/ 넘어가"(「사랑 2」) 주는 사랑은 오늘날 젊은이들의 인스턴트식 사랑과는 분명 다른 모습이다. 그 사랑은 '저 돌담 끝까지 다정스런 너와 내가 손잡고'라는 대중가요처럼 7080세대의 감성이 묻어나는 산업화 시기의 방식에 속한다. 그렇지만 우리 시대의 신세대들이 유념할 대목이 거기에 포함되어 있다.

뜨겁게 태우면 사라지는 것이 사랑이다. 사랑의 열기에 눈이 멀 때까지 붙어 있어서는 안 된다. 가끔 떨어져서 상대에 대한 그리운 감정에 휩싸일 때 사랑은 그 본모습을 드러낸다. 밤하늘의 별처럼, 들녘의 가을 햇살처럼 반짝이는 그러한 사랑이 "더 아름다운 사랑"(「사랑 3」)이다. 멀리 있어 더 아름다운 그러한 사랑은 항상 그 만큼의 거리를 필요로 한다. 그 만큼의 거리가 있는 "사랑의 모습"(「그 만큼의 거리」)이 그러한 예이다.

안정근의 연시戀詩는 그가 속한 세대들의 뇌리에 잠재해 있던 '흘러간 청춘의 사랑의 열정과 좌절의 아픔과 그리움과 고독의 순간들'을 되돌아보고 곰곰이 반추하도록 만든다. 지나간 시대의 꾸밈없는 사랑의 진실을 노래한 시편들이 장년층의 향수와 추억을 자극하는 이유가 여기에 있다.

지금 여기의 현실과 유리되어 있어 고답적인 느낌을 주지만 그가 말하는 사랑은 산업화 시기 인간사의 중요한 측면을 반영한 것이다. 다시 말하면 예술의 형식으로 재현한 그의 시편들에는 공통적이며 변함없는 사랑의 속성과 본질이 담겨 있으며 그것들은 아직도 유효하다.

> 다가오면
> 멀어질 수 있는
> 그만큼의 거리
>
> 멀어지면
> 다가갈 수 있는
> 그만큼의 거리에
>
> 우리
> 서로를 놓자
>
> 너무 가까워
> 부담되면
> 피할 수 있는
>
> 너무 떨어지면
> 좁힐 수 있는

그만큼의 거리에서

우리
서로 바라보자

굳이 말하지 않아도
느낄 수 있는

소리치지 않아도
들을 수 있는
그만큼의 거리

부딪쳐 깨져도
드러내 상처받아도
격하여 어찌할 바 몰라도

금세
제자리 찾는
그만큼의 거리에

우리
서로를 담자

-「그 만큼의 거리」 전문

시인이 이야기 하는 그만큼의 거리는 현실적 거리가 아니라 심리적인 거리이며 유명한 김소월의 「산유화」의 "저만치 피어" 있다는 구절을 연상시킨다. 7080세대의 심금을 울렸던 「먼 후일」을 연상시키는 「짝사랑 그 후」도 마찬가지이며 이러한 작품들에는 우리의 지친 삶을 견인하는 매력과 고통 속의 삶에서 허우적거리는 우리를 구원하고 위안하는 힘이 간직되어 있다.

> 그대에게
> 내 마음 보이는 것도
> 힘들었지만
>
> 그것보다 훨씬 더
> 힘든 일은
>
> 내 마음에
> 아직도
> 자리하고 있는 그대를
> 보이지 않게
> 하는 일입니다
>
> ―「짝사랑 그 후」 전문

사랑하는 사람에게 내 마음을 보이는 것도 힘이 들지만, 그것보다 더 힘든 일은 내 마음에 아직도 자리하고 있는 그대를 지우는 일이다. "미안하다 말하면/ 나야 좀 편해지겠지만// 그대를 무겁게 만들 것 같아/ 차라리 내가 아프기로 했습니다"의 「미안하다」나 「해후」, 그리고 「잊은 줄 알았는데」 등이 여기에 속한다. 이별은 사랑의 끝이 아니라 누군가를, 또는 무언가를 그리워하는 또 다른 시작을 뜻한다. 안경 벗고 세상을 보는 것과 같은 그 그리움은, 희미해서 더 낭만적이고 멀리 있어 더 아름다운 그런 것이다.

>안경 벗고
>세상을 보면 참 아름답지
>달은 항상 달무리에 갇혀 있고
>가로등은 안개에 묻혀 있지
>
>붉은 촛불은 두 배나 커 보이고
>나무들은 모두들 수채화 같지
>더러운 것들은 어둠에 묻히고
>사물들은 윤곽만 흔들리고 있지
>
>무언가 그리워한다는 것도
>안경 벗고
>세상을 보는 것과 같을 거야
>
>희미해서 더 낭만적인

멀리 있어 더 아름다운

그런 것이

그리움 아닐까

     -「안경 벗고 세상을 보면」 전문

 그리움의 실체를 이만큼 언어예술의 형식으로 구체화하는 것이 쉽지는 않다. 대상과의 거리를 유지하면서 그리움의 정서를 천착하고 있는데, 그것은 일상으로부터 벗어나 그 일상의 현실에서 체험하지 못한 그리움의 실체를 독자 스스로 확인하게 만든다. 남녀관계의 그것처럼 그리움이 우리의 삶에서 인상적인 것은, 이별 이후의 잊으려고 노력하면 할수록 미련이 남아 아직도 끝나지 않은 사랑의 안타까움이 긴 여운이 되어 우리의 마음을 아련하게 하기 때문이다. 아무 것도 눈치 채지 못하는 당신이 더 나를 아프게 한다는 「마지막」이나 떠나는 자의 슬픈 뒷모습을 보이기 싫어 "무거운 발걸음 재촉했지"(「이별」)가 그렇듯이, 그의 시는 7080세대들에게 아련한 사랑의 추억과 이별의 아픔을 통해 그들의 지나간 청춘을 되살려내면서 가슴을 설레게 한다.

3.

 안정근의 시는 인간의 감정에 대한 섬세하고 깊은 천착을 보여준다. 그러나 중요한 점은 그것이 남녀관계의 사랑이라는 문제에 머물지 않고 그리움이나 외로움, 또는 아픔이나 슬픔의 정서를 통해 인간사의 깊은 측면을 다독이고 성찰하는 태도를 보인다는 사실이다. 슬픔에는 그림자가 있고, 그래서 그것은 "그림자와 동행하면서/ 스스로/ 위로를"(「슬픈가 봐요」) 받기도 한다. 이 작품과 더불어 생의 철학에 대한 숙고의 측면이 돋보이는 작품이 「선택」이다.

>이리저리
>생각해 보고
>요것조것
>따져 보았겠지요
>선택이니까
>
>어느 하나
>택할 수밖에 없었겠지요
>결국 선택이니까
>
>마음이 아팠겠지요
>뭘 택해도
>상처는 남으니까
>
>번민했겠지요
>두고두고

후회할 테니까

　　　　　　　　　　　　-「선택」 전문

　선택에 따른 아픔과 후회의 문제는 남녀관계에 국한된 것이 아니다. 인생 전반에 걸쳐 우리는 수시로 선택의 기로에 서게 되고 그로 인해 희로애락의 감정에 휘둘리게 된다. 본의 아니게 강요당하고, 어쩔 수 없이 그러한 선택을 할 수밖에 없는 것이 인생살이다. 휘트먼의 「가지 않은 길」의 노란 은행나무 숲길처럼 우리는 어느 하나의 길을 택할 수밖에 없다. 「선택」에 간결하게 압축되어 있듯이, 시인이 보고 듣고 느낀 사물들과의 교감과 그 교감을 통해 자아를 성찰하고 생의 의미를 추구한 내용이 『주머니에 별 하나』에 다수 포진되어 있다.

　　이렇게 추운 날
　　발가벗은 채 한겨울 나는
　　겨울나무에는
　　따뜻한 수액이 흐르고 있음을
　　그대 아는지요

　　사는 것 너무 힘들어
　　땅바닥에 주저앉은
　　그대 몸속에도
　　뜨거운 피가 흐르고 있음을

그대 느끼는지요

때가 되면
나무 위 내려앉은
눈 녹듯
그대 어깨 누르는
삶의 무게도
언젠가는 걷히게 된다는 것을
그대 아는지요

하얀 눈 속이
더 따뜻하다고
말하고 있는 것만 같은
겨울나무

겨울나무에
손 얹어 보세요
아직도 온기로 가득한
그대 손을 느끼는지요

겨울을 나야
더 단단해지는 나무처럼
오늘의 역경이

더 성숙한 사람을 만들고 있음을

그대 아는지요

너무 힘들면

가끔 겨울나무가 되어

그대를 바라보세요

-「겨울나무」 전문

  기억 속의 경험을 통해 창조한 가상의 세계는 우리가 직면해 있는 현실과는 다른 방법으로 우리의 마음을 사로잡고 위안과 쾌락과 기쁨을 준다. 이러한 측면이 문학의 치유효과이며 이로 인해 우리는 현실의 고통으로부터 벗어나 해방감을 만끽하게 된다. 삶의 실제경험과 유리된 미학이 우리를 감동시키지 못하는 이유가 여기에 있다. 생동감 있는 현실 속의 미학만이 인간을 고통스럽게 만드는 현실의 구속에서 벗어나 상상의 세계를 주유하는 환희를 준다. 「겨울나무」처럼 문학에는 변함없는 삶의 진실이 표현되어 있고 그것은 현실을 넘어 영원한 매력을 발휘하는 그 무엇을 우리에게 선사한다.

  시인의 길을 걷고자 하는 것은 단순히 긴장을 풀고 위안을 얻고 망중한(忙中閑)의 여가와 즐거움을 추구하기 위한 것이 아님을 「겨울나무」가 증명한다. 숙성의 시간을 거쳐야 제 맛을 내는 와인처럼 개인적 경험을 발효시켜 인생의 유의미한 가치로 통합하는 그의 시의 미덕을 이러한 대목에서 확인하는 것이 중요하다. 동시에 그의 기억 속에 내재된 젊은 날의 내면 풍경을 언어로 재현하는 작업이 지닌 의의 또한 이러한 점에 있는 것도 사실이다.

「무소의 뿔」의 상처투성이 뿔이 아름다운 것은 살아남기 위한 처절함이 그 뿔에 새겨져 있기 때문이다. 아름답다는 것은 험한 세상에 어떻게 하든 살아남는다는 것이고, 그러한 삶에는 항상 순수한 아름다움이 있다는 것을 시인은 말하고 있다.

사람들은
대못 몇 개쯤
가슴에 박고 산다

상처의 흔적으로
연륜의 무게로

가슴에 깊이 박힌
대못들은
가끔 전율을 한다

아직도
우리 여기 있노라고

살도 될 수 없는 것이

피도 될 수 없는 것이

　　아직도
　　그대 가슴을
　　찌르고 있노라고
　　　　　　　－「가슴에 박힌 대못」 전문

　나만이 가슴에 대못 박고 사는 것은 아니다. 인간이란 다 그런 것이고 대다수가 가슴에 대못 몇 개 박고 삶을 견디는 것이라는 사실을 이 시는 말하고 있다. 나만이 어렵고 힘들고 상처받은 삶을 살아가는 것은 아니다. 인생사의 고통이나 고난을 잠언처럼 들려주는 그의 시는 확실히 우리를 위안하는 힘을 지니고 있다. 안정근의 시적 개성을 보여주는 이러한 대목이 제 기능을 발휘하는 것은 수채화 같은 '언어의 그림'을 그려내는 그의 능력과 관련이 있다. 대상의 특징을 한순간에 포착하여 그것에 자신의 감정을 실어 하나의 풍경화처럼 '대상과 나'를 일체화 시키는 바로 그것이 안정근적 시쓰기의 강점으로 작용한다.
　시인-화자와 섬진강이 하나로 합일되는 그 지점에서 섬진강의 섬진강적인 매력이 발산되는 것이다.

　　길어서도 아니다
　　깊어서도 아니다

*그저
완만히 구부러져
있다는 것

그게
직선을 잡아채는구나

그게
날카로움을 잠재우는구나

그렇게
달려온 나를

잘록한
은백의 백사장에
파묻어 버리는구나*

-「섬진강」 전문

  예술이 창조한 세계는 허구이다. 허구의 그 세계는 상상력에 의해 구성된 현실 밖의 세계이지만, 성공한 예술작품에서 그것은 현실보다 더 박진감 있게 다가오면서 우리에게 또 다른 현실감을 부여해 준다. 실제의 세계처럼 느끼게 만드는 상상력이 빚어낸 그 허구의 세계는, 그러나 현실의 체험에서 이끌어내질 때 우리에게 의미 있게 다가온다.

그리움이란 게
처음엔 촉촉이 젖어 있다가
마른 수채화처럼
시간이 지나면서
더욱 선명하게
드러나는 때가 있지

늘 같이 있고
늘 누리고 있던 것에서
멀리 떨어져 나왔을 때
특히 그러하지

처음엔 새로운 것에 가려
안 보이다가
시간이 지나면서
서서히 드러나거든

그리움이
마른 수채화처럼
또렷하게 드러날 때
그것은

이제 돌아가야 할 때지

－「수채화처럼」 전문

물감으로 그린 수채화처럼 시간이 지나면서 더욱 선명하게 드러나는 느낌을 받는 안정근의 시편들은 시인 특유의 경험세계가 뒷받침되어 있다. 그의 시가 대상과 자신을 동일화시켜 자신의 내면정서를 존재 가능한 예술의 세계로 구현하는데 성공하는 이유가 여기에 있다. "그리움이/ 마른 수채화처럼/ 또렷하게 드러날 때/ 그것은/ 이제 돌아가야 할 때지"에는 감정의 잉여를 극도로 자제하면서 자신의 내면정서를 '그리움'에 동화시키는 시인 특유의 작시기법이 나타나 있다. 이러한 점에 주목하면서 그의 시를 감상하는 자세가 필요하다. 간결한 형식 속에 배치된 최소한의 언어와 앙상블을 이루는 선명한 시각적 이미지에 의해 그의 시는 독자의 감각을 깨우고 감정을 일렁이게 하면서 상상의 나래를 펼치게 한다.

4.

안정근 시인의 전공영역은 영문학이 아니라 언어학이다. 자기전공에 구애받을 필요는 없지만, 유학파이며 자기분야에서 학문적 위상이 공고鞏固한 학자가 시인이 되는 것은 말처럼 쉬운 일이 아니다. 그러나 그의 선택이 일정 정도 불가피한 측면을 지니고 있다. 「아름다운 사람」에 잘 나타나 있듯이, '그대'가 아름다운 것은 아름답지 않은 것도 항상 아름답게 기억할 수 있는 사람이기 때문이다. 시인도 이러한 범주에서 벗어나기 어려운 사람에 속한다. 그는 의외로 다정다감하고 미적 감수성이 뛰어난 사람이며 아름답지 않은 것도 아름답게 볼 수 있는 시성詩性을 지닌 사람이다.

「눈길을 걸으며」에서는 조용히 자기를 되돌아보는 모습이, 「가끔은 이방인 되어」에서는 문명사회를 벗어나 자연 속에서 원시적 자유를 찾는 산책자의 모습이 나타나 있다. 반면에 「나의 벽」에서는 '벽'을 쌓은 나이에 당도해 있는 세월의 무상함과 그 벽을 평생 끌어안고 살아갈 수밖에 없는 생의 한계를 인정하는 생활인의 모습이 표현되어 있다. 자식 눈치 보며 살고 있는 나이에 이른 시인은 「자화상」이나 「강한 것들」 등에서 혼자 놀고 뭉쳐 다니지 않고 휘어지지 않고 자기 색깔을 지니고 살아온 개성과 자기 신념을 피력하고 있다.

자기 이름으로 혼자 살아오면서 역사의 뒤편에서 고독하게 사라질 것이지만 시인은 그 나름의 인생관을 유지하면서 세상과 타협하는 삶을 경계했다. 화려하거나 빛나는 삶이 아닌 소박한 삶을 살아가고자 했던 그가, 원하는 대로 되었다면 "바다 너머로 지는 잔잔한 노을"이나 "뜨락에 곱게 핀 채송화"(「내가 누구인지」)기 되었을 것이다. 늦은 시기에 안정근이 시원詩園을 거닐게 된 것도 채송화나 노을과 같은 곱고 잔잔한 삶을 젊은 시절부터 동경했기 때문이다.

문예시선 001
주머니에 별 하나

초판1쇄 발행 2015년 4월 27일
초판2쇄 발행 2015년 12월 10일

기획 문예원 문예시선 편집위원회
지은이 안정근

펴낸이 홍종화
편집주간 박호원
편집·디자인 오경희·조정화·오성현·신나래·김선아·남지원
　　　　　　이효진·남도영·이상재
관리 박정대·최기엽
펴낸곳 문예원　**출판등록** 제317-2007-55호
주소 서울 마포구 대흥동 337-25　**전화** 02) 804-3320, 805-3320, 806-3320(代)　**팩스** 02) 802-3346
이메일 minsok1@chollian.net, minsokwon@naver.com
홈페이지 www.minsokwon.com

ISBN 978-89-97916-47-4　03810

ⓒ 안정근, 2015
ⓒ 문예원, 2015, Printed in Seoul, Korea

저작권법에 의해 한국 내에서 보호를 받는 저작물이므로 무단전재와 복제를 금합니다.
이 책 내용의 전부 또는 일부를 이용하려면 반드시 저작권자와 문예원의 서면동의를 받아야 합니다.
이 도서의 국립중앙도서관 출판시도서목록(CIP)은 서지정보유통지원시스템 홈페이지(http://seoji.nl.go.kr)와
국가자료공동목록시스템(http://www.nl.go.kr/kolisnet)에서 이용하실 수 있습니다. (CIP제어번호 : CIP2015010953)

책 값은 뒤표지에 있습니다.
잘못된 책은 바꾸어 드립니다.